CANENTE,

TRAGÉDIE,

REPRÉSENTÉE,

POUR LA PREMIERE FOIS,

PAR L'ACADÉMIE-ROYALE

DE MUSIQUE,

Le Mardi, 11 Novembre, 1760.

PRIX XXX. SOLS.

AUX DÉPENS DE L'ACADÉMIE.

A PARIS, Chés DE LORMEL, Imprimeur de ladite Académie, rue du Foin, à l'Image Sainte Geneviéve.

On trouvera des Livres de Paroles à la Salle de l'Opera.

M. DCC. LX.

AVEC APPROBATION ET PRIVILEGE DU ROI.

Les Paroles sont de feu Monsieur *DE LA MOTTE*.

La Musique est de Monsieur *DAUVERGNE*,
Maître de la Musique de la Chambre du Roi.

ACTEURS CHANTANTS
DANS LES CHŒURS.

CÔTE' DU ROI.

Mesdemoiselles. Messieurs.

Mesdemoiselles	Messieurs
Letourneur.	Lefevre.
La croix.	Le Page.
Durand.	Durand.
	Delvaux.
Fontenet.	Scelle.
Delor.	Rosé.
Roublot.	Robin.
St Aubin.	Antheaume.
Héry.	Parant.

CÔTE' DE LA REINE.

Mesdemoiselles. Messieurs.

Mesdemoiselles	Messieurs
D'alliere.	S. Martin.
	Albert.
Massont.	Jaubert.
	L'Ecuyer.
Salaville.	Tourcaty.
	Chappotin.
Lachantrie.	Favier.
	Feret.
L'étienne.	Du Perrier.
	Boy.
Leger.	Laurent.

A ij

ACTEURS.

CIRCÉ, *Magicienne, fille du Soleil,* Mlle. Chevalier.

LE TIBRE, M^r. Gélin.

PICUS, *premier Roi d'Italie,* M^r. Pillot.

CANENTE, *Nimphe,* Mlle. Lemiere.

SATURNE, M^r. Desentis.

NÉRINE, *Confidente de* CIRCÉ, Mlle. Rozet.

LA NUIT, Mlle. Dubois.

L'AMOUR, Mlle. Villette.

La Suite de SATURNE, *repréfentant les quatre* AGES.

UNE BERGERE, Mlle. Villette.

UN FLEUVE, *de la fuite du* TIBRE, M^r. Desentis.

DIVINITÉS *des Eaux, formant la fuite du* TIBRE.

MAGICIENS, & MINISTRES *de* CIRCÉ.

ALECTON,
ERINNIS, } *Euménides,* { M^r. Jaubert,
MÉGERE, M^r. Desentis.
M^r. Muguet.

JEUX, PLAISIRS & GRACES, *formant la fuite de* L'AMOUR.

PEUPLES.

PERSONNAGES DANSANTS.

ACTE PREMIER.

PREMIER DIVERTISSEMENT.

GUERRIERS, *repréfentant l'âge de fer & l'âge d'airain.*

M^{rs}. LYONNOIS, GARDEL.

M^{rs}. Lelievre, Hyacinte, Trupty, Hamoche, Leger, Rogier, l., Rogier, c., Mercier.

SECOND DIVERTISSEMENT.

BERGERS & BERGERES, *repréfentant l'âge d'or & l'âge d'argent.*

Mlle. SUAVI.

Mlles. DUMONCEAU, CHEFDEVILLE.

M^{rs}. BÉATE, GROSSET.

M^{rs}. Levoir, Cezeron, Gougy, Valentin.

Mlles. Bocard, l., Agouffy, Buard, Ledoux.

ACTE DEUXIEME.

FLEUVES & NAÏADES.

M^r. LYONNOIS.   Mlle. LYONNOIS.

Mlle. CARVILLE.

M^{rs}. Béate, Levoir, Cezeron, Gougy, Valentin, Mercier.
Mlles. Chaumard, Demiré, Lacour, Baffe, Saron, Julie.

ACTE TROISIEME.
PREMIER DIVERTISSEMENT.
DÉMONS.
M^r. LAVAL.

M^{rs}. Lelievre, Hyacinte, Trupty, Hamoche, Gardel, Groffet, Leger, Rogier, c.

SECOND DIVERTISSEMENT.
GRACES.
Mlles. RAY, BASSE, CHEFDEVILLE.
PLAISIRS.
M^{rs}. Lelievre, Béate, Gougy, Mercier.
Mlles. Tételingre, Bocard, l., Saron, Agouffy.

ACTE QUATRIEME,
SUITE DE LA NUIT.
Mlle. VESTRIS.

Mlles. Chaumard, Demiré, Lacour, Baffe, d'Ornet, de Ferriere,
SUITE DE CIRCÉ,
MAGICIENS, fous des formes agréables.
M^r. VESTRIS.
M^{rs}. Lelievre, Béate, Trupty, Leger, Gougy, Mercier.

ACTE CINQUIEME.
SUITE DE L'AMOUR,
JEUX & PLAISIRS.
Mlle. LANY.
M^r. LANY.   Mlle. DUMONCEAU,
M^r. LYONNOIS. Mlle. LYONNOIS.
GRACES.
M^{les}. RAY, BASSE, CHEFDEVILLE.
PLAISIRS.
M^{rs}. Hyacinte, Trupty, Hamoche, Groffet, Leger, Rogier, c.
Mlles. Chaumard, Demiré, Tételingre, St Félix,
d'Ornet, de Ferriere.

CANENTE,
TRAGÉDIE.

ACTE PREMIER.
Le Théâtre représente le Temple de SATURNE.

SCENE PREMIERE.
CIRCÉ, NÉRINE.
NÉRINE.

Picus va vous devoir un trône glorïeux ;
Un peuple, indépendant, cèsse pour lui de l'être :
On va le proclamer à la face des Dieux,
Et c'est par vos conseils qu'on le choisit pour maître.

Circé, m'eſt-il permis de lire en votre cœur
　　　D'où naîſſent vos ſoins pour ſa gloire ?

C I R C É.

Tu crois que c'eſt l'effet d'une ſecrete ardeur :
Ah ! Picus ſera-t-il le dernier à le croire ?

N É R I N E.

Qu'entends-je ! il eſt donc vrai qu'il eſt votre vain-
　　queur ?
　　Et vous me l'avoüés vous-même !

C I R C É.

Tu ſais que je l'ai vu , doutes-tu que je l'aime ?

N É R I N E.

　　Eſt-il inſtruit de votre feu ?

C I R C É.

C'eſt par mes ſeuls bienfaits que j'en ai fait l'aveu.

Tout devroit le forcer à me rendre les armes ;
　　　C'eſt par moi qu'il regne en ce jour.
Hélas ! ſera-ce envain que j'ajoûte à mes charmes
　　　Tant de bienfaits & tant d'amour ?
Canente, je le ſais, regne ſeule en ſon âme.
Mais on vient ; vois ce Prince , & conçois mon ar-
　　deur.

　　　　　　　　　　　　　　　　　　　　　　S'il

S'il pouvoit partager ma flâme ,
Un Dieu même feroit moins digne de mon cœur.

SCENE II.

CIRCÉ, PICUS, NÉRINE, CHŒUR DES PEUPLES.

LE CHŒUR.

Régnés , jeune héros ; la gloire vous appelle ;
    Elle a réglé notre choix :
    Nous ne voulons que vos loix
    Pour le prix de notre zele ;
Régnés , régnés fur nous ; la gloire vous appelle.

CIRCÉ.

C'eft ce peuple aujourd'hui qui s'aquitte envers
    vous ;
Cent fois fes ennemis font tombés fous vos coups :
Quand vous l'avés fauvé , fouffrés qu'il vous cou-
    ronne ;
    Soyés le premier de fes Rois ;
    Régnés : l'empire qu'il vous donne
    Seroit détruit fans vos exploits.

B

PICUS.

C'eſt à vous que je dois ma nouvelle puiſſance ;
Le ſuffrage du peuple eſt un de vos bienfaits.
Pour premiere reconnoiſſance,
Recevés l'aveu que j'en fais.

(CIRCÉ conduit PICUS à ſon Trône ; les Peuples
lui rendent hommage , & le reconnoîſſent
pour leur Roi.)

LE CHŒUR.

Vénérable Saturne, & vous, qu'il a fait naître,
Recevés nos ſerments, Arbîtres des humains.
Ce héros dèſormais eſt notre unique maître :
Nous remettons notre ſort en ſes mains.

PICUS.

Pere des Dieux, auteur de ma naiſſance,
Écoute ; c'eſt ton fils qui t'implore à ſon tour :
Fais régner, avec moi, la paix & l'abondance ;
Qu'à - jamais l'âge d'or revienne en ce ſéjour.

(Une Simphonie annonce la deſcente de SATURNE.)

CIRCÉ & PICUS.

Mais dans les airs quel nuage s'avance ?
Cette clarté, ces ſons harmonïeux,
D'un Dieu propice annoncent la préſence ;
Saturne nous entend , il deſcend dans ces lieux.

SATURNE, *dans un nuage.*

Apprends, mon fils, pour qui ta voix m'implore.

Ce Peuple doit des Dieux épuiser les bienfaits ;
Sa gloire doit aller encore
Au-delà des vœux que tu fais.

Ages, qui formés mon empire,
Pour célébrer leur fort, secondés mes souhaits :
Exprimés les transports que la valeur inspire,
Et peignés les douceurs que fait naître la paix.

(SATURNE *remonte aux Cieux, & les Ages*
forment le Ballet.)

(*Entrée de* GUERRIERS, *représentant l'âge de fer*
& l'âge d'airain, & exprimant, par leur danse,
différents combats.)

CHŒUR DE GUERRIERS.

Courons aux combats,
Volons à la gloire ;
C'est à la victoire,
De guider nos pas.

Du Dieu de la guerre
Écoutons la voix ;
Que toute la terre
Subisse nos loix.

CANENTE,

Le Ciel nous seconde :
Un destin heureux
Promet à nos vœux
L'empire du monde.

Courons , &c.

(*Les* GUERRIERS *sortent sur ces derniers vers ,
comme pour marcher aux combats.*)

(*Entrée de* BERGERS & *de* BERGERES, *représentant l'âge d'or & l'âge d'argent.*)

UNE BERGERE.

Dans nos champs, d'une douce paix
Nous goûtons les charmes
Et les bienfaits.

CHŒUR DE BERGERES.

De ses dons, nos cœurs satisfaits,
Vivent sans allarmes
Et sans regrèts.

LA BERGERE.

L'aimable aurore
De ses pleurs
Vient de faire éclore
De nouvelles fleurs :

Tout s'engage :
L'amour ,
Dans ce féjour,
Nous préfage
Le plus beau jour.
Dans nos champs, d'une douce paix,
Nous goûtons les charmes,
Et les bienfaits.

LE CHŒUR.

De fes dons , nos cœurs fatisfaits,
Vivent fans allarmes
Et fans regrèts.

SCENE III.

CIRCÉ, PICUS, NÉRINE.

CIRCÉ.

Prince, pour couronner vos vœux,
La gloire avec l'amour aujourd'hui fe raffemble;
Et l'on diroit qu'ils difputent enfemble
A qui vous rendra plus heureux.

Tout fléchit fous vos loix, tout s'empreffe à vous
    plaire :
Heureufe la beauté que votre cœur préfere !
    Canente eft cet objet charmant ?

P I C U S.

Je fentis à la voir que j'avois un cœur tendre,
    J'aimai dès le même moment :
    Je ne voulus point m'en défendre ;
    Je l'aurois voulu vainement.

C I R C É.

Quoi, tant d'autres pour vous n'ont que de foibles
    armés ?

P I C U S.

    Sa voix feule efface leurs charmes.

Elle forme, à fon gré, les fons les plus touchants ;
Et l'on voit, chaque jour, à fes aimables chants
    Toute la nature attentive :
Les arbres, les rochers font émus à fa voix ;
Elle arrête le cours de l'onde fugitive ;
    Philomele, au milieu des bois,
    Pour l'écouter, fufpend fa voix plaintive :
Ses beaux yeux font encor plus puiffants mille fois.
Voilà les fers charmants où mon âme eft captive.

C I R C É.

    Mais, comme vous, le Tibre en eft charmé :
Craignés de faire obftacle à l'ardeur de fon âme.

PICUS.

Depuis qu'il a pu voir que j'en étois aimé,
  Il semble avoir éteint sa flâme.
Mais, pour mieux assûrer le bonheur de nos feux,
  Je cours hâter le jour heureux
  Qui doit nous unir l'un à l'autre :
Et l'Amour n'aura plus, pour combler tous mes
  vœux,
Qu'à vous faire un destin aussi doux que le nôtre.

SCENE IV.

CIRCÉ, NÉRINE.

CIRCÉ.

Tu le vois, de mes feux rien n'a pu l'informer,
Il ne s'apperçoit pas de ma langueur extrême :
  Hélas, qu'il est loin de m'aimer !
  L'ingrat ne voit pas que je l'aime.

NÉRINE.

Laisserés-vous servir tous vos bienfaits
  Au triomphe d'une rivale ?

CIRCÉ.

Non, je saurai brifer cette chaîne fatale
    Quils oppôfent à mes fouhaits !

Je veux à mes deffeins que le Tibre s'uniffe :
Il faut armer contre eux la force & l'artifice.

Venés, tranfports cruëls, implacable fureur !
C'eft l'amour en couroux qui vous livre mon cœur.

    En préparant une vengeance affreufe,
Ne laiffons voir au Roi que mes foins les plus doux ;
Mais perçons, en fecret, des plus funeftes coups
    Une rivale, trop heureufe.

Venés, tranfports cruëls, implacable fureur !
C'eft l'amour en couroux qui vous livre mon cœur.

FIN DU PREMIER ACTE.

ACTE SECOND.

Le Théâtre repréfente les Rivages du TIBRE.

SCÈNE PREMIERE.

CANENTE, *feule.*

COULÉS, tranquilles eaux, volés, charmants
    zéphirs ;
'Ah ! pour vous arrêter ma voix n'a plus de charmes :
Mon cœur, depuis qu'il aime, éprouve trop d'al-
    larmes ;
L'écho ne répond plus qu'à mes triftes foûpirs.

Mon amant aujourd'hui joüit du rang fuprême.
Je crains que la grandeur ne borne fes defirs :
La crainte fuit toûjours une tendreffe extrême.
    Quand rien ne trouble mes plaifirs,
Mon cœur fe plaît à fe troubler lui-même.

C

Coulés, tranquilles eaux, volés, charmants zéphirs ;
Ah ! pour vous arrêter ma voix n'a plus de charmes :
Mon cœur, depuis qu'il aime, éprouve trop d'al-
       larmes ;
L'écho ne répond plus qu'à mes tristes soûpirs.

SCENE II.
PICUS, CANENTE.

PICUS.

BElle Nimphe, j'échappe à la foule importune
Qu'attache sur mes pas ma brillante fortune.
     La liberté regne en ce beau séjour ;
Et nous n'avons enfin de témoin que l'Amour.

CANENTE.

Je vous revois couvert d'une immortelle gloire :
N'affoiblit-elle point l'amour dans votre cœur ?

PICUS.

Jamais on n'a brûlé d'une si vive ardeur ;
     Il faut la sentir pour la croire.

Depuis que fous vos douces loix
Toute mon âme eft affervie,
Je ne compte plus dans ma vie
Que les moments où je vous vois.
Sans vous le jour m'eft un fuplice.

Loin du Temple tantôt quel foin vous retenoit ?

C A N E N T E.

Au Dieu d'Amour j'offrois un facrifice,
Dans le tems qu'on vous couronnoit.

Dans un cœur, que la gloire enflâme,
Il refte peu de place à l'amoureufe ardeur ;
Et je priois l'Amour de défendre votre âme
Contre la gloire & la grandeur.

P I C U S.

Banniffés ces vaines allarmes ;
Je fais tout mon bonheur de fuivre votre loi.
Mon trône perdroit tous fes charmes,
Si vous n'y montiés avec moi.

C A N E N T E.

Circé, paroît ; cachons notre tendreffe.

P I C U S.

Non, ne contraignons point de fi doux fentiments.

C ij

SCENE III.

CIRCÉ, PICUS, CANENTE.

PICUS.

Venés, favorable Déesse :
Prenés part aux transports de deux heureux amants,

CIRCÉ.

Aimés-vous sans mistère, aimés-vous sans allarmes ;
Ne cachés plus vos tendres soins :
Un bonheur sans témoins
N'a pas ses plus doux charmes.

PICUS.

L'Himen va découvrir notre secret lien,
Je vais le préparer ; je vous laisse Canente :
Aimés, Déesse, aimés cette Nimphe charmante ;
Que son bonheur vous soit aussi cher que le mien !

SCENE IV.

CIRCÉ, CANENTE.

CIRCÉ.

Pour flater vos defirs que refte-t-il à faire?
Les Dieux & les mortels de vos yeux font charmés ;
Tous les biens font renfermés
Dans l'avantage de plaire.

Le Maître de ces eaux languit fous votre loi ;
Vous l'enflâmés, au milieu de fon onde.

CANENTE.

Si je n'enflâmois que le Roi,
Je jouïrois encor d'une paix plus profonde.

CIRCÉ.

Vous trouvés un bonheur plus grand
A choifir, aujourd'hui, la chaîne la moins belle ;
Mais ne craignés-vous point de regretter le rang
Où votre beauté vous appelle ?

(On entend une Simphonie agréable ; un Rocher s'ouvre,
dans le fond du Théâtre, & laiffe voir un Palais, où
paroiffent les Dieux des fleuves, des ruiffeaux &
des fontaines, foûmis au TIBRE.)

CIRCÉ & CANENTE.

Qu'entends-je ? quels charmants accords
De ces lieux troublent le silence ?
Qui pourroit attirer tant d'éclat sur ces bords ?

CANENTE, à *CIRCÉ.*

Eſt-ce votre art ?

CIRCÉ, à *CANENTE.*

Eſt-ce votre préſence ?

SCENE V.

CIRCÉ, CANENTE, TROUPES des
DIEUX des fleuves, des ruiſſeaux & des fontaines,
ſoûmis au TIBRE.

UN FLEUVE, de la ſuite du TIBRE,
à CANENTE.

VOyés de quels ſujèts vous êtes ſouveraine.
C'eſt pour voir en vous notre Reine
Que le Tibre en ces lieux vient de nous raſſembler.
Nimphe, recevés cet hommage.
Il n'eſt encor que le préſage
Des honneurs éclatants dont il veut vous combler.

CANENTE, à CIRCÉ.

Qu'entends-je? Que je crains! Secourés-moi, Déeffe!

CIRCÉ.

Nimphe , redoutés moins l'honneur qu'on vous
adreffe!

On danfe.

L E *CHŒUR.*

Vos yeux charmants peuvent tout enflâmer,
Les Amours , pour vous fuivre , abandonnent
Cithère;
En jouïffant de la gloire de plaire,
Belle Nimphe, éprouvés le doux plaifir d'aimer.

On danfe.

UN FLEUVE, à CANENTE.

Les Dieux ont tout foûmis à leurs pouvoirs divers.
Ils regnent dans les cieux, fur la terre, & fur l'onde;
Leur empire s'étend jufques dans les enfers;
A leurs defirs il faut que tout réponde:
Un de ces dieux, qu'adore l'univers,
Vient, en tremblant, vous demander des fers;
Vos yeux font plus puiffants que les Maîtres du
monde.

On danfe.

CANENTE.

Hélas, que je souffre en ces lieux !
Que mon cœur.....

CIRCÉ.

Arrêtés ; le Dieu s'offre à vos yeux.

SCENE VI.

LE TIBRE, CIRCÉ, CANENTE.

LE TIBRE.

QUoi ! lorsque tout mon cœur à vos charmes se
    livre ,
Rien ne vous touche , à votre tour ?
De l'hommage empressé que vous offre ma Cour ,
    Vous souhaités qu'on vous délivre ?

CANENTE.

Vous en étonnés-vous ? vous savés mon amour.

LE TIBRE.

Eh ! se peut-il que votre cœur balance ?
Vous connoissés mes feux & ma puissance.
La Nimphe, à qui l'Himen engagera ma foi,
Doit, par l'ordre du sort, devenir immortelle;
               Venés ,

Venés, montés au rang où l'amour vous appelle :
Il vous devoit un Dieu, c'étoit trop peu d'un Roi.

CANENTE.

Pour troubler une ardeur & si tendre & si pure,
Que vous sert de m'offrir un honneur odïeux ?
 Dois-je monter au rang des Dieux,
 Par l'inconstance & le parjure ?

LE TIBRE.

 Ce n'est pas l'infidélité,
 C'est moi que votre cœur abhorre.

CANENTE.

Non, je sais trop qu'un Dieu doit être respecté.

LE TIBRE.

Ah ! le respect outrage un Dieu qui vous adore.
Avec le plus haut rang vous refusés ma main ;
Je connois à quel point ma tendresse vous gêne :
Et c'est sur les faveurs que je vous offre envain,
 Que je mesure votre haîne.

CANENTE.

 Lorsqu'un cœur est bien enflâmé,
A trahir un beau feu rien ne peut le contraindre.
 L'ambition ne l'a point allumé;
 La grandeur ne sauroit l'éteindre.

D

L E   T I B R E.

Que vous m'apprenés bien, par ces cruëls difcours,
Le deftin d'une ardeur qui vous eft odieufe !
　　　Vous êtes trop ingénïeufe
A trouver des raifons pour me haïr toûjours.
Mais craignés que mon cœur ne fe livre à la rage ;
Craignés le dèfefpoir d'un amant furieux !
Plûtôt que de fouffrir un himen, qui m'outrage,
　　　Je défolerai tous ces lieux :
Tout s'y reffentira de ma fureur extrême ;
En d'horribles torents j'y répandrai mes eaux :
Et fi l Himen, pour vous, allume fes flambeaux,
　　　J'irai les éteindre moi-même.
Pour porter jufqu'à vous d'affreux débordements,
　　J'épuiferai mes cavernes profondes ;
　　　Et j'engloûtirai dans mes ondes
La victime, l'autel, le prêtre & les amants!

C A N E N T E.

Quai-je entendu ! quelle rage fatale !
　　　(à C I R C É.)
Déeffe, à fes tranfports daignés vous oppôfer.

C I R C É.

Connois enfin mon cœur ; c'eft affés t'abufer :
　　Cèffe d'implorer ta rivale.

C A N E N T E.

O ciel ! c'est donc à toi de me favoriser.

C I R C É.

Tremble! crains tout des feux que je viens de t'ap-
    prendre.
Tout mon bonheur dépend de t'arracher au Roi.
Ce que j'ai fait pour lui , doit te faire comprendre
    Ce que je ferai contre toi.
    Il faut répondre à mon envie.

L E T I B R E.

Il faut combler mes vœux.

C I R C É.

        Ou craindre ma furie.

L E T I B R E.

Devenir immortelle.

C I R C É.

        Ou renoncer au jour.

C A N E N T E.

Vous pouvés m'arracher la vie ,
Mais rien ne peut m'arracher mon amour.
D ij

C I R C É.

Ah, c'en eſt trop ! Démons, ſoûmis à mon empire,
Enlevés-la d'ici ; volés dans mon Palais.

(*Les Démons enlevent* CANENTE.)

C I R C É, *au* TIBRE.

Je vous l'ai déjà dit, & je vous le promèts,
Je vais, par tout mon art, tâcher de la réduire
   A profiter de vos bienfaits.

LE TIBRE & CIRCÉ.

Oppôſons, oppôſons la colere à l'outrage ;
   Il faut que l'amour ſoit vengé.
   C'eſt au dépit, c'eſt à la rage
   A venger l'amour outragé !

FIN DU SECOND ACTE.

ACTE TROISIEME.

Le Théâtre repréfente le Palais de CIRCÉ.

SCENE PREMIERE.
CIRCÉ, NÉRINE.
NÉRINE.

PICUS eft accâblé d'une douleur extrême,
  Il cherche Canente en tous lieux ;
Il foûpire, il gémit, il accufe les Dieux
  De lui ravir tout ce qu'il aime.

CIRCÉ.

  Fais-lui favoir que la Nimphe eft ici,
Et qu'elle doit s'unir au Tibre, qui l'adore ;
  Va, Nérine : mais qu'il ignore
Que c'eft de mon aveu qu'il en eft éclairci.

Ma rivale paroît ; qu'on me laiffe avec elle.

SCENE II.

CIRCÉ, CANENTE.

CIRCÉ.

ENfin, Nimphe, avés-vous compris
Ce que c'eſt que d'être immortelle ?

CANENTE.

D'un bien ſi glorïeux je connois tout le prix;
Mais j'aime mieux être fidele.

CIRCÉ.

Quoi! pour le vain honneur de la fidélité,
Vous méprifés des Dieux l'avantage ſuprême ?

CANENTE.

Eſt-il un plus grand mal que l'immortalité,
Quand on vit loin de ce qu'on aime!
Par des liens trop forts mon cœur eſt arrêté.

CIRCÉ.

Pouvés-vous ne pas voir les charmes
Des honneurs que vous refuſés ?
Et pouvés-vous voir, ſans allarmes,
Les maux où vous vous expôſés ?
Vous vous troublés; vous répandés des larmes.

CANENTE.

Je ne m'en défends point : vous voyés la frayeur
　　Dont mon âme eſt atteinte ;
Mais c'eſt ſans y régner, qu'elle trouble mon cœur ;
　　Et mon amour eſt plus fort que ma crainte.

CIRCÉ.

　　Eh bien, il faudra me venger,
　　Puiſque vous voulés m'y réduire.
Le Deſtin de Scilla doit aſſés vous inſtruire
Des maux que je prépare à qui m'ôſe outrager.
　　Craignés, craignés une égale vengeance !

CANENTE.

S'il faut briſer mes fers, je ne puis l'éviter.

CIRCÉ.

Je vais, pour vos tourments, épuiſer ma puiſſance.

CANENTE.

J'aime mieux les ſouffrir, que de les mériter.

CIRCÉ.

Miniſtres de mon art, vous, que la rage anime,
Qui ſemés, à mon gré, l'épouvente & l'horreur,
Venés, raſſemblés-vous ; voilà votre victime :
Inventés des tourments dignes de ma fureur.

(*Les Démons & les Miniſtres de* CIRCÉ *accourent à
ſa voix, & le Théâtre s'obſcurcit.*)

Employés le fer & la flâme,
Faites de ce Palais un horrible féjour ;
Que l'effroi, que l'horreur s'empare de fon âme ;
N'y laiffés point de place pour l'Amour !

CHŒUR de DÉMONS & de MINISTRES de CIRCÉ.

Employons le fer & la flâme,
Fefons de ce Palais un horrible féjour ;
Que l'effroi, que l'horreur s'empare de fon âme ;
N'y laiffons point de place pour l'Amour !

C I R C É.

Je vous laiffe le foin de vaincre fa conftance :
Je vais chercher le Dieu qui s'obftine à l'aimer ;
Et je reviens confommer ma vengeance,
Si fon cœur, plus foûmis, n'aime mieux la calmer.

(*CIRCÉ fort.*)

SCENE

SCENE III.

CANENTE, DÉMONS, & MINISTRES de CIRCÉ
qui viennent hâter sa vengeance, & effrayer
CANENTE.

CANENTE.

Où suis-je ? hélas ! qui prendra ma défense ?

(*Entrée de DÉMONS.*)

LE CHŒUR.

Tremble ! c'eſt l'amour jaloux
Qui te pourſuit, & ſe venge ;
Tremble ! ſi ton cœur ne change,
Une rivale en couroux
Va te faire éprouver les plus funeſtes coups.
Tremble ! c'eſt l'amour jaloux
Qui te pourſuit, & ſe venge.

CANENTE.

Qui peut me délivrer des horreurs que je ſens ?
Dieux ! prêtés à ma voix des charmes plus touchants.

E

LE *CHŒUR.*

Non, tes efforts font impuiffants ;
N'attends de nous que fureur , que
   vengeance.

LE *CHŒUR.*

De fes divins accords, Dieux, quelle
   eft la puiffance !
Nous cédons, nous cédons à fes tendres accents :
La pitié, malgré nous, s'empare de
   nos fens ,
   Et dans nos cœurs défarme la
   vengeance.

(aux DÉMONS.)

Calmés de vos fureurs l'affreufe violence ;
Cédés, cédés, cruëls, à mes triftes
   accents :
Laiffés toucher vos cœurs, laiffés
   charmer vos fens ;
   Que la pitié dèfarme la vengeance !

CANENTE.

J'ai vu fouvent, aux accords de
   ma voix,
   Toute la nature fenfible.
   Quoi ! votre cœur eft-il plus in-
   fléxible
   Que les rochers, que les monftres des bois ?

Calmés de vos fureurs l'affreufe violence ;
Cédés, cédés, cruëls, à mes triftes
   accents :
Laiffés toucher vos cœurs, laiffés
   charmer vos fens ;
   Que la pitié dèfarme la vengeance !

SCENE IV.

(Le Théâtre s'éclaire, une Troupe D'AMOURS, placés
sur des nuages, descend dans le fond du Théâtre, &
en même tems d'autres AMOURS & PLAISIRS
descendent, en le traversant.)

CHŒUR des AMOURS, des PLAISIRS,
& des GRACES.

Voyés de ce séjour dissiper les horreurs :
Le charme de vos chants près de vous nous attire ;
De votre art enchanteur tout reconnoît l'empire :
Puisse-t-il de Circé vaincre aussi les rigueurs !

On danse.

CANENTE.

Dieux favorables, que j'implore,
Veillés sur moi, tendres Amours !
Pour moi, pour l'amant que j'adore,
J'attends tout de votre secours.

Dieux favorables, que j'implore,
Daignés nous protéger toûjours.

E ij

CHŒUR des *Amours & des* Ministres
de C I R C É.

Ne redoutés plus leur ⎱
Ne craignés plus notre ⎰ vengeance;
Vous triomphés de leurs ⎱
Vous triomphés de nos ⎰ fureurs.
La beauté, les talents, unis à la conſtance,
Doivent ſoûmettre tous les cœurs.

(*Un Prélude annonce le retour de* C I R C É : *les*
P L A I S I R S & *les* A M O U R S *ſe retirent.*)

S C E N E V.

CIRCÉ, LE TIBRE, CANENTE, NÉRINE, MINISTRES DE CIRCÉ.

C I R C É, *au* T I B R E.

VEnés, je l'ai prévu, tout eſt ici tranquille ;
La Nimphe ſe rend à nos vœux :
Vous ne brûlerés plus d'une ardeur inutile,
Mes ſoins ont réuſſi ; vous allés être heureux.

C A N E N T E.

Non, ce n'eſt point en éteignant ma flâme
Que j'ai déſarmé leurs fureurs :
L'effroi n'a point changé mon âme,
Mais la pitié vient de changer leurs cœurs.

C I R C É.

Qu'entends-je ? Miniſtres perfides !
Elle a pû vous toucher, pour la premiere fois ?
Eh bien, lâches ! il faut, pour accomplir mes loix,
Vous donner des cœurs moins timides.

(Elle les touche de ſa baguette.)

Devenés, à l'inſtant, des monſtres furïeux ;
Dévorés, malgré vous, ma rivale à mes yeux !

(Les Miniſtres de C I R C É ſont changés en MONSTRES,
& s'avancent pour dévorer C A N E N T E.)

L E T I B R E , *en s'oppôſant aux* M O N S T R E S.

Arrêtés ! ma flâme eſt trop vive :
Je ſens que juſques-là je ne puis la trahir.
Mon cœur demande qu'elle vive,
Quand ce ſeroit pour me haïr.

C I R C É.

Non, ma fureur ne vous peut obéir.

LE TIBRE.

Si vous attentés fur fa vie,
Tremblés ! les jours du Roi me répondront des fiens.

CANENTE.

Ah, ne vous vengés pas par cette barbarie !

CIRCÉ.

Monftres, calmés votre furie !
On menace le Roi, fes périls font les miens.

(Les MONSTRES fortent du Théâtre.)

CIRCÉ, LE TIBRE & CANENTE.

Quelle horreur, quel fuplice extrême,
Que de craindre pour ce qu'on aime !

CIRCÉ, au TIBRE.

Je ne la retiens plus, je la laiffe avec vous ;
Effayés fi l'amour pourra plus que la crainte.

(Le TIBRE & CANENTE fortent.)

CIRCÉ, à NÉRINE.

Prête à porter les plus funeftes coups,
Je vais tenter encor l'artifice & la feinte :
Tu fauras bien-tôt mes projèts.
Nérine, fais venir le Prince en ce Palais.

FIN DU TROISIEME ACTE.

ACTE QUATRIEME.

Le Théâtre repréſente les jardins de C I R C É.

SCENE PREMIERE.

CIRCÉ, PICUS.

PICUS.

CIEL ! que me dites-vous ? la croirai-je infidele ?
Aux dépens de mes jours, veut elle être immortelle ?
Croirai-je que l'ingrate, au mépris de ſa foi,
    Gardoit ce prix à ma conſtance ?
    Et ſe peut-il que contre moi
    Elle implore votre puiſſance ?

CIRCÉ.

Vous doutés que la gloire ait pu la dégager,
    Et je m'en étonne moi-même :

Je conçois trop comme on vous aime ;
Mais je ne conçois pas comment on peut changer.

P I C U S.

Ah ! laissés-moi la voir ; cédés à mes allarmes !
Laissés-moi lui montrer un dépit éclatant :
Qu'au-moins mon désespoir, mes reproches, mes
　　　larmes
　　Troublent le bonheur qu'elle attend.

C I R C É.

　Dois-je trahir son espérance ?
Elle fuit, en ces lieux, votre juste douleur.

P I C U S.

Pourriés-vous à mes vœux refuser sa présence ?
Aidés-vous la perfide à me percer le cœur ?

C I R C É.

　Cessés d'aimer une inhumaine ;
　Le dépit doit vous dégager.
Dans le plaisir d'une nouvelle chaîne
Vous trouverés celui de vous venger.

P I C U S.

Dieux, quelle trahison ! quoi ! Nimphe trop cruëlle,
　Mon rival vous rend infidele ?

　　　　　　　　　　　Quoi !

Quoi ! vous facrifiés mes feux à fes amours ?

    Il vous eft doux d'être immortelle,

Pour l'adorer fans-cèffe, & me haïr toûjours ?

Ah, c'en eft trop ! mon cœur au dèfefpoir fe livre :

Cherchons un fort plus doux dans l'éternel oubli.

Cruëlle ! ç'en eft fait, je vais ceffer de vivre ;

    Votre bonheur eft accompli !

*(Il tombe , accâblé de douleur ; & Circé le touche de
fa baguette , pour l'enchanter.)*

C I R C É.

Profitons du moment où fa douleur l'accâble,

Effaçons de fon cœur fes premieres amours :

Et pour forcer l'ingrat à me trouver aimable,

Employons de mon art les plus puiffants fecours.

    Sombre Déeffe du filence,

O Nuit ! viens trïompher de la clarté du jour :

Aux charmes de mon art viens unir ta puiffance ;

    Et forçons, s'il fe peut, l'Amour

    A nous prêter fon affiftance.

    Sombre Déeffe du filence,

O Nuit ! viens trïompher de la clarté du jour.

F

SCENE II.

(Le Théâtre s'obscurcit, la NUIT *descend, accompagnée de sa Suite.)*

LA NUIT, CIRCÉ, PICUS, *Suite de la* NUIT, MAGICIENS, *évoqués par* CIRCÉ.

LA NUIT.

TA voix, du haut des cieux me contraint à descendre ;
De mes voiles épais j'environne ces lieux :
Nos efforts réunis peuvent tout entreprendre,
Et soûmettre à nos loix le plus puissant des Dieux.

(ENTRÉE *de la Suite de la* NUIT. *)*

CIRCÉ.

Esprits, soûmis à mon empire,
Faites briller ici vos magiques clartés :
Venés verser sur lui des parfums enchantés,
Et porter dans son cœur tout l'amour qu'il m'inspire.

(Le Théâtre s'éclaire ; les MAGICIENS, *sous des formes agréables, se joignent à la Suite de la* NUIT, *dansent autour de* PICUS, *& répandent sur lui des fleurs.)*

CIRCÉ & LA NUIT.

Amour, c'eſt trop troubler ${mon \atop ſon}$ } âme;

Viens réparer les maux que tu ${me \atop lui}$ } fais.

Éteins les feux, briſe les traits

Qu'on oppôſe à ${ma \atop ſa}$ } flâme.

CIRCÉ, LA NUIT & LE CHŒUR.

Deſcendés, Dieu charmant ! répondés à nos voix ;
Lancés vos traits, & ſecondés nos charmes ;
Employés, avec nous, vos plus puiſſantes armes,
Soûmettés ce héros à de nouvelles loix.

On danſe.

LA NUIT, CIRCÉ & LE CHŒUR.

Deſcendés, Dieu charmant ! &c.

L'AMOUR, paroîſſant dans les airs.

Prétends-tu me ſoûmettre à tes commandements ?
Cèſſe de combattre leurs flâmes,
Le trait, dont j'ai bleſſé leurs âmes,
Ne peut être brîſé par tes enchantements.

Envain tu voudrois l'entreprendre ;
De tes efforts je saurai les défendre :
L'Amour doit proté ger les fideles amants.

(L'AMOUR difparoît.)

C I R C É.

Ah ! fi pour mon bonheur je manque de puiffance,
Je n'en manquerai pas du-moins pour ma vengeance.

(à la NUIT.)

Laiffés-moi ; je me livre à mes emportements.

(La NUIT fort, avec fa Suite.)

Feignons ; laiffons-lui voir de plus doux fentiments.

(Elle touche PICUS de fa baguette.)

SCENE III.

CIRCÉ, PICUS.

PICUS.

JE vis encor ! le ciel me condamne à la vie !
Je reprends à la fois mes sens & ma langueur ;
J'adore encor Canente, après sa perfidie ;
L'Amour se plaît, pour elle, à déchirer mon cœur !

CIRCÉ.

Il faut vous détromper ; votre Nimphe est fidele.

PICUS.

Vous l'accusiés d'une perfide ardeur !

CIRCÉ.

Je vous aime, & l'Amour m'avoit armé contre elle ;
Mais je céde à vos feux ; il faut vous rassûrer :
L'Amour a fait le crime ; il va le réparer.

PICUS.

Ah, rendés-moi Canente ! & cet effort suprême.....

C I R C É.

Je ferai plus ; je veux vous unir, dès ce jour ;
Connoiſſés tout mon cœur : je ſens que je vous aime
Juſqu'à pouvoir pour vous immoler mon amour.

P I C U S.

Après tant d'artifice, ô dieux ! vous puis-je croire ?

C I R C É.

Croyés-moi ; j'en atteſte & l'amour & la gloire,
Allés à votre Nimphe annoncer ce bonheur.

(à part.)   (Il ſort.)

Qu'ils ſavent peu l'himen qu'apprête ma fureur !

FIN DU QUATRIEME ACTE.

ACTE CINQUIEME.

Le Théâtre repréſente de même les Jardins de CIRCÉ.

SCENE PREMIERE.
CIRCÉ, ſeule.

J'AI pris ſoin d'écarter le Tibre de ces lieux;
Il eût de mon dépit contraint la violence :
    Son cœur ignore encor que la vengeance
    Eſt le plus doux plaiſir des Dieux.
Rien ne ſuſpendra plus le couroux qui m'anime :
Je vais remplir ces lieux dépouvente & d'horreur ;
    Et je n'attends que ma victime
    Pour me livrer à toute ma fureur.

SCENE II.

CIRCÉ, NÉRINE.

CIRCÉ.

AS - tu vu ces amants ? leur as-tu fait entendre
Que j'affemblois ici l'Himen & les Plaifirs ?
Qu'enfin tout s'y prépare à combler leurs defirs ?

NÉRINE.

Par votre ordre, en ces lieux ils vont bien-tôt fe
rendre.

CIRCÉ.

Je les attends.

NÉRINE.

Eh que prétendés - vous ?
Pourrés-vous étouffer tous vos tranfports jaloux ?
Vous, que j'ai vu livrée aux fureurs les plus grandes,
Verrés - vous fans dépit leur trïomphe éclatant ?

CIRCÉ.

Tu me connois, Nérine, & tu me le demandes !
Frémis plûtôt du fort qui les attend.

Ce

Ce que l'enfer & la haîne barbare
Pourront imaginer de plus cruëls tourments,
Voilà l'himen que ma fureur prépare
A ces trop coupables amants.

Laiffe-moi feule ; il faut que l'enfer s'intéreffe
A feconder le couroux qui me prèffe.
Par les plus noirs enchantements,
Je vais tout ordonner pour cet himen funefte ;
Et les apprèts de leurs tourments
Sont le feul plaifir qui me refte.

SCENE III.

CIRCÉ, *feule.*

VOus, dont le feul afpect infpire la terreur,
Euménides ! quittés le ténébreux rivage ;
Venés à mes tranfports unir votre fureur,
J'implore toute votre rage !

Allumés vos flambeaux, irrités vos ferpents ;
Que le fer, que le feu, que la Parque cruëlle
Égale vos fureurs à celles que je fens :
L'amour, au dèfefpoir, par ma voix vous appelle.

(*Les* EUMÉNIDES *fortent des Enfers.*)

G

LES EUMÉNIDES.

Ordonne, nous t'obéiffons.
Des plus grands criminels nous fufpendons les
　　peines ;
　　　Confole-nous, par des loix inhumaines,
　　　Du repos que nous leur laiffons.

CIRCÉ.

　　　Vos fureurs ne feront pas vaines.

Pour punir deux amants, je leur laiffe efpérer
Que leurs flâmes vont être heureufes ;
Ils penfent voir l'Himen prêt à les éclairer,
Mais je ne veux que vous pour ces nôces affreufes ;
　　　C'eft à vous de les célébrer.

LES EUMÉNIDES.

Quel plaifir de fervir le couroux qui t'entraîne !

CIRCÉ.

　　Venés unir ces amants malheureux,
　　　Sous les aufpices de la haîne :
　　　Que vos flambeaux forment leurs feux,
　　　Que vos ferpents forment leur chaîne !

LES EUMÉNIDES.

Que nos flambeaux forment leurs feux,
Que nos ferpents forment leur chaîne !

CIRCÉ.

Que ces tranfports à mes yeux font charmants !
Mais à tout préparer employons les moments.
Pour les tromper, que ce lieu s'embelliffe.
Vous, paroiffés ces Dieux qu'atendent leurs defirs;
Et, fous la forme des plaifirs,
Préparés - leur le plus affreux fupplice.

(*Les* EUMÉNIDES *rentrent, le Théâtre change, & repré-*
fente le Temple de l'Himen ; les FURIES*, fous la*
forme de l'Amour & de l'Himen, paroîffent dans le
fond, élevées fur une eftrade, devant laquelle eft
un autel.)

CIRCÉ.

Ma rage enfin va montrer, dans ce jour,
Ce que c'eft que Circé, jufqu'où va fa puiffance :
Et la douceur de la vengeance
Me fait prefque oublïer les rigueurs de l'Amour.

J'apperçois ces amants ; le peuple ici s'avance :
Faites de vos concerts retentir ce féjour.

SCENE DERNIERE.

CIRCÉ, PICUS, CANENTE,

FURIES, *sous la forme de l'Amour & de l'Himen,*

CHŒUR DES PEUPLES.

LE CHŒUR.

Venés former la chaîne la plus belle,
Jouiſſés d'un bonheur conſtant;
 L'Amour vous appelle,
 L'Himen vous attend.

CIRCÉ.

Venés, qu'un nœud charmant vous joigne l'un à
 l'autre :
Le Tibre, comme moi, fait ſon bonheur du vôtre.
 Quand nous triomphons de nos feux,
Le prix de notre effort eſt de vous voir heureux.

PICUS.

Cet effort généreux pâſſe notre eſpérance ;
A de nouveaux reſpects il doit nous engager :
 Notre cœur va ſe partager
Entre l'amour, & la reconnoiſſance.

C I R C É.

Ne tardons plus, hâtons l'heureux inftant
Qui doit former une chaîne fi belle.
L'Amour vous appelle,
L'Himen vous attend.

L E   C H Œ U R.

L'Amour vous appelle,
L'Himen vous attend.

(*Pendant le Chœur*, CIRCÉ *conduit* PICUS &
CANENTE *à l'autel.*)

P I C U S & C A N E N T E.

Viens couronner nos feux, toi, qui formas nos âmes,
Amour ! reçois nos vœux & nos ferments ;
Fais que l'Himen, par fes liens charmants,
Ajoûte encor, s'il fe peut, à tes flâmes !

(*Les* FURIES *fous la forme de l'* HIMEN *& de l'* AMOUR
*fecouent leurs flambeaux, le Théâtre s'obfcurcit,
il tombe une pluie de feu, la Simphonie exprime
un bruit fouterrein.*)

P I C U S & C A N E N T E.

Quelle horrible vapeur empoifonne ces lieux ?
Ah, perfide Circé !

CANENTE,

CHŒUR des PEUPLES.

Secourés-nous, grands Dieux !

CIRCÉ, aux EUMÉNIDES.

Il eſt tems de ſervir ma rage ,
Hâtés-vous ; vengés mon outrage !

PICUS, CANENTE, CHŒUR
des PEUPLES.

Quels abîmes ouverts ! quel déluge de feux !
Secourés-nous, grands Dieux !

CIRCÉ, aux EUMÉNIDES.

Hâtés-vous ; vengés mon outrage :
Frappés !

(Dans le moment que les EUMÉNIDES s'avancent pour
frapper PICUS & CANENTE, on entend un coup de
Tonnerre, l'AMOUR paroît dans les airs, les FURIES
s'abîment ſous le Théâtre, le Temple diſparoît &
fait place à un Palais brillant.)

L'AMOUR.

Difparoiffés, rentrés dans les Enfers,
Monftres affreux, qu'avoit armés la haîne.

(à CIRCÉ.)

Contre les amants que je fers,
Vois combien ta fureur eft vaine.

(L'AMOUR acheve de defcendre.)

CIRCÉ.

Je céde, Dieu cruël ! tu l'emportes fur moi.
Je dois fuir, à-jamais, ta fatale préfence :
Je détefte les cœurs qui vivent fous ta loi ;
Et je n'emploîrai plus mon art & ma puiffance
Qu'à les punir, & me venger de toi !

(Elle fort.)

L'AMOUR, à PICUS & à CANENTE.

Jouïffés d'un bonheur durable ;
Rien ne troublera plus vos feux.

Vous, qui formés ma Cour, Plaifirs, Grâces &
Jeux
Accourés, volés, troupe aimable ;
Célébrés les tranfports de ces amants heureux.

(*Entrée des* PLAISIRS *, des* GRACES
& des AMOURS.)

LE CHŒUR.

L'Amour fur les enfers remporte la victoire ;
Tout céde à fon pouvoir ; tout reconnoît fes loix.
Chantons, célébrons à la fois
Ses bienfaits & fa gloire :
Que nos concerts harmonïeux
S'élévent jufqu'aux Cieux.

(*La Suite de l'*AMOUR *éxécute le Ballet qui*
termine le Spectacle.)

F I N.

APPROBATION.

J'Ai lu , par ordre de Monfeigneur le Chancelier , CANENTE,
Tragédie , nouvellement remife en Mufique. Je n'y ai rien trouvé qui ne
doive en favorifer la réimpreffion. A Paris , ce 12 Octobre 1760.

DE MONCRIF.

www.ingramcontent.com/pod-product-compliance
Lightning Source LLC
LaVergne TN
LVHW022154080426
835511LV00008B/1399